出口のない生活

平岡修治

●

Shuji Hiraoka

イラストレーション●今成敏夫

出口のない生活

　21世紀に入ってからも人の心の荒廃を象徴するような恐ろしいニュースが毎日のように新聞紙面を飾っています。人からちょっと注意されただけで、注意したその人を傷つけ、果ては命を奪ってしまうという事件もひんぱんに起きています。「心の闇」という表現も目に焼き付くようになるほど使われています。

　人の命を軽く見る事件は、あらゆる分野に
波及し、社会全体を包み込んでいくのを強く感
じます。これらのニュースと平行するかのよう
に、私たちのまわりには、答えの見つからない
問題が山積し、不安と絶望が次第に人の心を
支配しつつあります。何かを求め、眠らない町

に群がる人たちもいます。誰もが生き甲斐と自由を追い求め模索しています。答えが見つからずにたまったストレスは限界に達しようとしています。出口の見つからない日々の生活の中で、家と職場や学校との二点間往復運動は今も繰り返されています。私たちを悩ます問題の正体、それはいったい何でしょうか。いくつかの身近な問題を考えてみたいと思います。

コンプレックス（劣等感）という問題に悩まされていませんか。

　やっかいな感情です。自分が他人より劣っているという感情です。何とか克服したい。仕事も勉強も努力はしても、なかなかみんなに追いつけない。どんなにがんばってもついていけない。その結果、「自分はだめだ、人間としても失格だ」と自信を失い、敗北感だけがのしかかってきます。努力したってどうにもならないコンプレックスにも悩まされます。身長がみんなより10センチ低い。町を歩いていても、みんな

自分より背が高く見える。むやみに身長のこと
が気になりはじめ、心の大きな負担になってい
きます。生活態度は次第に消極的になり、友
達の間に何となく壁ができていき、話しをして
も、笑ってみても、どことなくうつろな響きがは
ね返ってきます。何をしても八方ふさがり。

どうして自分はこうもだめなのか。コンプレックスはますます雪だるまのように大きくなっていきます。しかし、よく考えてみると他人より、すべての点ですぐれた人など誰もいないのではないでしょうか。そんな人は歴史上存在しなかったし、これからだっていないと思います。

　コンプレックスというものの正体は一般的に他人から植え付けられたものではなく、自分が心の中に引き起こした波紋なのだと思います。障害を持っていても、それを克服した人はいくらでもいます。ハンディを持っていながら、それに耐えて力強く、生き抜いている人もいます。しかし、それらの人々には共通した側面を見いだすことができます。それは、自分は愛されている、自分を必要としている人がいることを自覚しているということです。世界のベストセラー「聖書」に次のようなことばがあります。

「わたしの目には、あなたは高価で尊い。
わたしはあなたを愛している。」
　　　　　　　　　　　イザヤ書43章4節

　神はあなたを愛しています。全世界の富よ
りも、はるかに高価で尊い存在としてあなたを
愛しています。あなたも本物の愛の中に飛び
込んでみませんか。

孤独という迷路の中で
さまよっていませんか。

家にいても学校にいても、職場の中でも、いつもまわりには誰かがいます。その人たちと話しもします。まじめな話もしますが、ムダ話もします。一緒になって笑いこけることもあります。しかし、何となく不安で結局は自分は一人ぼっちなのだ、という空洞が心の中に広がっていくのを感じます。満員電車の中でも、雑踏にもまれて流れていくときも、やはり自分は一人なのだと感じます。みんなから重要がられることもなく、むしろ自分の存在など忘れ去られているような気がします。こいつだけは、と思って親しくしてきた友達まで、時がたつにつれ何となく、よそよそしくなっていき「ブルータス、おまえもか」の悲哀を味わう経験をします。

激しい生存競争の波にもまれながら、家に帰ってゴロリと横になり、家族に話しかけます。しかし、身近なはずの家族の返事にさえ、味気なさがともないます。そんなとき、「さびしいなあ」と感じます。オーディオのスイッチに手を伸ばし、

CDに耳を傾けます。スピーカーから流れる心地よいはずのサウンドでさえ、ひときわ、さびしい心をかきむしります。

　私たちは本当のところ、誰でも友達がほしいと思っています。誰もが心の一番深いところでは、つきつめてみればみな孤独な人間だからです。その孤独感が、ときどき刺すように心を貫きます。その痛んだ心を理解してくれる人をまわりに捜し求めます。不安と恐怖から逃れようとして、互いに手をつなぎ、温め合おうとがんばります。心の通う相手を必死になって求めます。自分のことを、何でもうちあけられるような友達がいれば充実した人生が送れるのに、と考えます。しかし、その願いは、いつも裏切られます。仕方ないのかもしれません。私たち人間はみな相対的な立場にあります。信じたり、信じられたり、愛したり、愛されたりします。それと同じように、裏切ったりすることもあるし、裏切られることもあります。期待をすることもありますが、期待はずれのときもあります。また、期待されることもありますが、期待に応えられないこともしばしばです。

人はみな弱いものです。しかし、みなさんに、
私は相対的な方でなく、絶対的な方を紹介し
たいと思います。それが、まことの神様です。
人があなたを見捨てても神は見捨てることが
ありません。「聖書」には次のようなことばがあ
ります。

「女が自分の乳飲み子を忘れようか。自分の胎の子をあわれまないだろうか。

たとい、女たちが忘れても、このわたしはあなたを忘れない。」　　　　　イザヤ書49章15節

「わたしは、あなたがたを捨てて孤児にはしません。」　　　　ヨハネの福音書14章18節

　私も人生の中で孤独を感じ、暗黒を体験したことがあります。それは1歳7ヶ月になる長男「志門」を天国に送ったときでした。世の中で、何が悲しいと言っても、自分の子どもに先立たれることほど悲しいことはないと言われています。その子は、私にとって目に入れても痛くないかけがえのない大切な子どもでした。その子が天国に召された日から、幾日も涙が止まりませんでした。その悲しみは、一人残された孤独からくる悲しみでした。

　1984年6月13日、母の日に、その子は天に旅立っていきました。その悲しみの日の1週間前、私は東北での仕事を終え、和歌山にある家に帰ってきました。家を空けることの多い私にとっ

　て家族に会えることは大きな喜びでした。特に、
まだ、1歳7ヶ月の幼い長男の小さな体を抱き上
げることは、私にとって大きな喜びでした。

　しかし、その日「志門」はいつもと様子が違っ
ていました。はしかにかかり、熱がありました。
近くのお医者さんに診てもらったところ、「2、3日

熱が続くが心配はない」ということでした。異変
は明け方に起きました。普段と違い、苦しそうな
息づかいをしているのに気づきました。総合病
院に行き、レントゲンを撮ってもらうと、「すぐに
手術にとりかかりたい」と医者は言います。そし
て「お子さんは、はしかが原因で肋膜炎を併発

しています。さらに、悪いことにブドウ球菌と思われるバイ菌に感染し、その菌が肺の壁に穴をあけ、肺の回りにたまっていた膿が肺の中に侵入してきて、今、呼吸困難に陥っています。このままだと窒息死しますので、手術によって肺の中に穴をあけ、管を差し込んで吸入器で膿を吸い出します」と医者はわかりやすく説明してくれました。

　手術はすぐに行われ、数時間後、子どもの意識は戻りました。小さな胸には2本の管が差し込まれ、吸入器が不気味な音を立てて、肺の中にたまっている膿を吸い出していました。小さな腕にはリンゲルの太い注射針が差し込まれていました。志門は私の顔を見るなり「パパ、痛いよう」と叫びました。注射針が抜けるといけないので、その手はベッドにくくりつけられていました。

　手術が行われてから3日目のことでした。看病で疲れ切った妻と交代するため、夜11時頃、病院に足を運びました。志門は私の顔を見るなり「パパ、ブーブーこうだいよう」と叫ぶのです。

「水をちょうだい」という意味です。手術後のせ
いか、のどが渇くようなのです。「水分はあまり
あげないように」と看護婦さんから言われてい
たため、私は涙をのんで、求める声を無視する
ことにしました。それでも、訴えは続きました。
　3時間ほど過ぎたとき、私は耐えられなくなり、

お医者さんの許可をいただいて、白湯をほんの少しだけ飲ませました。志門は、やっと落ちついて眠りにつきました。

　明け方、4時頃だったでしょうか、妻がやってきました。二人で子どもの顔を見つめていたときでした。志門は急にパッと目を開き、右の手を高く挙げました。「バイバイ」というように手のひらを何度も振りました。しばらくして、パタッと手は下ろされました。そのときから意識がなくなり、5日目の深夜、最後の手当てのかいもなく、わずか1歳7ヶ月の命は天国に帰っていきました。あのときの孤独感を私は今もはっきりと覚えています。大切な宝を失い、絶望感にも似た空虚な思いが私の心を支配したのを忘れることはできません。同時に、神様は私の心に聖書のことばを通して、慰め、励ましてくださったことも忘れることはできません。

「恐れるな。わたしがあなたを贖ったのだ。わたしはあなたの名を呼んだ。あなたはわたしのもの。あなたが水の中を過ぎるときも、わたしはあなたとともにおり、川を渡るときも、

あなたは押し流されない。火の中を歩いても、あなたは焼かれず、炎はあなたに燃えつかない。」　　　　　　　イザヤ書43章1〜2節

苦しみの
かなたにある希望

　聖書はイエス・キリストを信じればすべての悩みは解決され、すべてがハッピーエンドに終わるとは言っていません。信じていても問題はあり、苦しみは残ります。貧しくなることも、病気になることもあります。愛する者と死別することもあるし、天災に見舞われることもあります。また、思いがけない事故に遭うこともあるし、倒産することもあります。キリストを信じるなら、私たちの願い通り、思い通りにいくとは限らないのです。

　聖書は「あなたがたはこの世にあって悩みが多い」と語り「貧しい者、悲しむ者は幸いです」と宣言します。キリストを信じるなら苦難や悲しみから逃げ出せるとは言っていないのです。目をおおうことでもなく、そらすことでもないのです。しかし、苦しみが喜びに変えられ、試練を乗り

17

切る力を神様は私たちに与えてくださいます。

斉藤宗次郎という人

　クリスチャンの中には、苦しみの人生を喜び
に変えていった人たちが大勢います。斉藤宗
次郎さんもその一人でした。

1877年、斉藤さんは岩手県花巻にある禅宗の寺の三男として生まれました。15歳のとき、母の甥にあたる人の養子となり、斉藤家の人になりました。やがて、小学校の先生となり、その頃から国粋主義に傾いていきました。ところが、ふとしたきっかけで、偉大なキリスト者・内村鑑三の著書に出会い、聖書を読むようになり、キリストの救いへと導かれていきました。

AD1900年、彼は信仰を告白し、バプテスマ（洗礼）を受けることになります。花巻、第1号のクリスチャンでした。12月12日午前6時、雪の降り積もった寒い朝、場所は豊沢川でした。珍しいということもあって、朝も早いのに、橋の上には大勢の人が見物にやってきたそうです。激しい迫害が始まったのは、このときからでした。親からは勘当され、生家には一歩たりとも入ることを禁じられました。町を歩けば石が飛んできました。それでも彼は信仰の旗印を高く掲げ、貫き通しました。いわれのない中傷も相次ぎ、やがて、小学校も辞めることになります。迫害は彼だけにとどまらず、家族にまで及んでいきま

　した。長女の「愛子」ちゃんは、国粋主義が高
まる中、友達に腹を蹴られ、腹膜炎を起こし、
わずか9歳という若さで天国に帰っていきまし
た。宗次郎さんは一家を養うため新聞配達業
を始めることになります。朝3時に起き、汽車が
着くたびに何度も駅に新聞を取りに行く重労

働の仕事の中で肺結核をわずらいました。夜は9時まで働き続け、その後は聖書を開き、お祈りする生活が続きました。不思議なことに病気は悪化することなく、次第に快方へと向かっていきました。朝の仕事が終わる頃、雪が積もると小学校への通路を雪かきして道をつけ、小さい子どもを見つけると抱えて門まで走る。雨の日も、雪の日も休むことなく、人のために働き続けました。新聞配達の帰りには、病人を見舞い、励まし、慰めました。1926年、住み慣れた故郷を離れ、東京に移る日がやってきました。花巻を離れる日、誰も見送りにきてくれていないと思って、駅に着くと、そこには町長をはじめ、町の有力者の人々、学校の教師、生徒、僧侶、神主、一般の人たち、物乞いをしている人たち、身動きできないほど多くの人々が見送りに来てくれたそうです。その人たちの中に宮沢賢治がいました。宗次郎さんが東京について最初に受け取った手紙は彼からのものでした。宮沢賢治が斉藤さんをモデルに有名な詩を作ったのは、それから5年後のことでした。

雨ニモマケズ　風ニモマケズ

雪ニモ夏ノ暑サニモマケヌ

丈夫ナカラダヲモチ

欲ハナク　決シテイカラズ

イツモシズカニワラッテイル

一日ニ玄米四合ト　味噌ト少シノ野菜ヲ食べ

アラユルコトヲ　ジブンヲカンジョウニ入レズニ

ヨクミキキシワカリ　ソシテワスレズ

野原ノ松ノ林ノ蔭ノ　小サナ萱ブキノ小屋ニイテ

東ニ病気ノコドモアレバ　行ッテ看病シテヤリ

西ニツカレタ母アレバ　行ッテソノ稲ノ束ヲ負ヒ

南ニ死ニソウナ人アレバ

行ッテコワガラナクテモイイトイヒ

北ニケンカヤソショウガアレバ

ツマラナイカラヤメロトイヒ

ヒデリノトキハナミダヲナガシ

サムサノナツハオロオロアルキ

ミンナニデクノボウトヨバレ

ホメラレモセズ　クニモサレズ

ソウイフモノニ　ワタシハ　ナリタイ

　斉藤さんの生涯、どの部分にも苦しみが見られます。しかし、神様はその悲しみを喜びに変え、失望を希望に変えてくださいました。悩みや苦しみを避けて人生を過ごすことはできません。しかし、この苦難をどう受け取っていくかによって、私たちの人生はつまらないものになったり、生き甲斐を感じる豊かなものになったりします。あなたの心にも愛に満ちた神の子イエス・キリストを迎えてみませんか。

出口のない生活

定価：本体価格150円+税

著者：平岡修治

発行：（株）ブレイズ

〒441-1361 愛知県新城市下井字東長田33-2 Tel.0536-23-6195　Fax.0536-23-6699